三十六计

线装国学馆

《线装国学馆》编委会 编

全四卷◎第四卷

中国画报出版社
CHINA PICTORIAL PRESS

线装国学馆

线装国学馆

三十六计

三十六计

三十六计

线装国学馆

第四卷

第二十八计 上屋抽梯①

【原文】

假之以便，唆之使前，断其援应，陷之死地。遇毒，位不当也②。

【按语】

唆者，利使之也。利使之而不先为之便，或犹且不行。故抽梯之局，须先置梯，或示之以梯。如慕容垂、姚苌诸人怂秦苻坚侵晋③，以乘机自起。

【注释】

①上屋抽梯：诱惑人用梯子爬到屋顶上，然后将梯子抽走。比喻给对手以便利，引诱其利用，使其陷入我方预设的圈套。

②遇毒，位不当也：敌人受我方唆使，贪食抢吃，只怪他自己见利而受骗，才陷于死地。易经·噬嗑·象辞：『遇毒，位不当也。』

③慕容垂、姚苌诸人怂秦苻坚侵晋：378年，前秦皇帝苻坚（338—385）派两路人马进攻东晋，其中一路由慕容垂、姚苌率领。慕容垂（326—396），鲜卑族人。十六国后燕开国皇帝。姚苌（332—393），羌族人，十六国后秦开国皇帝。

【原文译文】

借给敌人方便，唆使敌人前进，然后切断敌人的后援和接应，使敌人陷入绝境。这就像敌人受我方唆使，贪食抢吃，只怪他自己见利而受骗，才陷于死地一样。

【按语译文】

唆使，是用利益去引诱。用利益去引诱却不先提供方便，或许还不成功。因此，上屋抽梯的局面，一定是先放好梯子，或者告诉敌人梯子在哪里。例如，十六国时期，前秦慕容垂、姚苌等人怂恿苻坚进攻东晋，从而乘机壮大自己。

【历史故事】

李世民促父李渊反隋

隋朝末年，隋炀帝荒淫无度、横征暴敛，农民起义纷起，隋朝一些官员借机割据一方。

大业十二年（616）八月，李渊因镇压农民起义有功，被隋炀帝封为太原留守。李渊的二儿子李世民胆识过人，在随父亲征战过程中，招揽了很多有志之士。其中有一个叫刘文静的，一天，他对李世民说：『当今天下大乱，皇帝南下巡游。只要能驾驭那些作乱的人，夺取下天易如反掌。现在，太原的城内有数万豪杰，将他们召集起来，加上您父亲麾下的几万人马，乘虚入关，号令天下。不超过半年，您就能成就帝王之业。』李世民哈哈大笑，说：『你的这些话正合我的心

意。』接着，李世民暗中积极地招揽人马。但是，李渊并不知道这一切。李世民怕李渊不答应，犹豫了很久，也不敢告诉李渊。

当时，李渊有一个好友叫裴寂，和刘文静的关系也很好。为了让裴寂说服李渊，刘文静将他引见给李世民。李世民极力结交裴寂，两人的友谊日渐深厚。一天，李世民趁四下无人，将自己的想法告诉了裴寂，裴寂当即答应说服李渊。

过了一段时间，突厥人入侵。李渊派兵迎击，但战事不顺。李渊忧心忡忡，担心隋炀帝怪罪。李世民乘机劝说其起兵，李渊非常震惊，坚决不同意。后来，经过李世民的劝说，李渊渐渐地默许了。

隋炀帝在太原有一座行宫，由裴寂负责管理。一天，裴寂宴请李渊。趁李渊喝醉后，裴寂从

行宫中挑选了几名宫女侍奉他。酒醒后，李渊后悔不及。

过了几天，裴寂又在家中宴请李渊。两人喝到尽兴的时候，裴寂说：『二郎暗中招兵买马，准备起兵，所以我私自让宫女侍奉您。如果事情败露，大家会一起获罪被杀，所以才定下这个应急的办法。现在，大家的意见已经一致，您觉得怎么样？』李渊说：『他确实有这个图谋。现在事已至此，又能怎么样呢？应该听从他的意见。』

接着，隋炀帝因为李渊攻打突厥不利，就派使者来抓他。李渊十分恐惧，寝食难安。李世民、裴寂乘机劝李渊说：『如今皇帝昏聩，国家动乱。本来是将领们出战失利，却牵连到您。事情已经迫在眉睫，应该早定大计。况且太原的军队兵强马壮，财物充足，还怕起兵不成功吗？为什么

要接受一个使者的监禁，坐等被杀呢？』李渊想了想，同意了两人的意见，下令秘密地招兵买马。

第二年五月，镇守太原的两名隋将得知李渊招兵买马，怀疑他图谋不轨。李渊立即行动，把两人抓进监狱，随后以与突厥人勾结为由，将两人斩首。

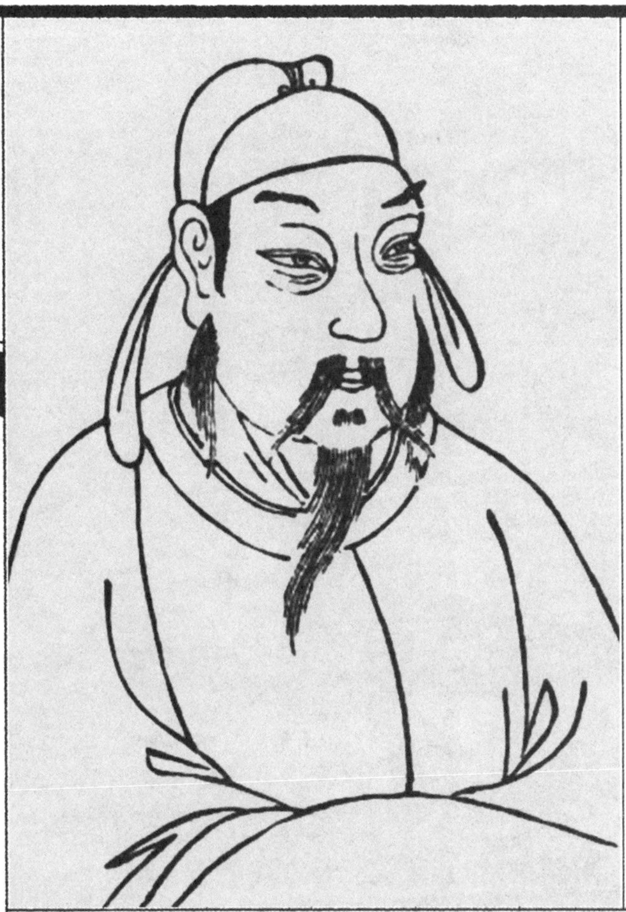

七月，李渊正式起兵反隋。

第二十九计 树上开花①

【原文】

借局布势，力小势大。鸿渐于陆，其羽可以为仪也②。

【按语】

此树本无花，而树则可以有花，剪彩贴之，不细察者不易觉。使花与树交相辉映，而成玲珑全局③也。此盖布精兵于友军之阵，完其势以威敌也。

【注释】

①树上开花：指树上本来没

有花，但可用假花点缀，让人真假难辨。比喻制造假象，迷惑对方。

②鸿渐于陆，其羽可以为仪也：鸿雁飞上山头，羽毛可以用来制作仪仗。易经·渐：『鸿渐于陆，其羽可用为仪，吉。』

③玲珑全局：构思精巧的全局性布局。玲珑，围棋术语，指全局性的巧妙构思。

【原文译文】

借助某种局面形成有利的形势，虽然力量弱小，但气势强大。这就像鸿雁飞上山头，羽毛可以用来制作仪仗一样吉利。

【按语译文】

这棵树本来没有花，但是树也可以有花，把彩色绸绢剪成花粘贴在树上，不仔细观察的人不容易发现。让花和树交相辉映，这就成为构思精巧的全局性布局。这就是将精兵布置到友军的阵式中，造成强大的气势以威慑敌人。

【历史故事】

澶渊之盟

寇准是北宋时期一位著名的宰相，性格耿直，敢于直谏，又有谋略。至道三年（997），宋真宗赵恒继承帝位，任命寇准为兵部侍郎。

当时，北宋与辽国之间的战争经年不断。位于北部的辽国趁

宋真宗新继位，更加频繁地侵扰宋朝的边境。宋真宗两次派军抗击，但都以失败收场，极大地震动了朝野。

景德元年（1004）九月，辽国太后萧绰率二十万大军浩浩荡荡地南下，攻击定州。边境的官员派人将告急文书送到都城东京，一夜之间竟有五次。

但是，寇准将这些文书扣下，仍和平时一样谈笑自如，第二天上朝时才禀报给宋真宗。宋真宗得知后，非常恐惧，忙向寇准询问应对之策。寇准不慌不忙地说：『陛下想了结这件事，不超过五天就能做到。』宋真宗一听有办法，立即追问如何做。寇准微笑着说：『请陛下御驾亲征到澶州就行。』话音未落，一旁的文武大臣们都吓得变了脸色，纷纷想离开，但被寇准制止。这时，宋真宗面露难色地站起身，也想离

开。寇准劝阻说：『陛下一走，一切就来不及了。请陛下不要走！』宋真宗无奈，只得重新坐下，与众大臣商量出征的事。众大臣有的建议撤往金陵，有的建议撤往成都。寇准大声地反对说：『当今陛下神武英明，将帅团结一心，如果御驾亲征，敌人一定闻风丧胆，自然撤退。即使不这样，或者坚守，或者出奇谋，也能有胜算，怎么能逃到金陵、成都这么远的地方！』宋真宗沉思良久，决定听从寇准的建议。

十月，宋真宗离开东京，前往澶州督战。当时，澶州有南北两座城池，北城在黄河的北边，南城在黄河的南边。辽军已经抵达澶州的北边，在北城外安营。宋真宗停留在南城，不敢渡过黄河到北城。寇准坚定地说：『大敌压境，只能进尺，不能退寸！前进，士气倍增；后退，全军就

会瓦解。』在一旁的大将高琼附和说：『将士们的家人都在京城，他们不会跟随您只身逃离的。请陛下立即渡河！』有的大臣指责高琼不遵守礼节，对宋真宗说话鲁莽。高琼大怒，厉声地驳斥：『大敌当前，我劝陛下前进，你们却指责我无礼。你们要是有能耐，写一篇文章让辽军撤退吧！』说罢，命令卫士们将宋真宗的车辆转向北，朝黄河边行进。

当宋真宗的旗帜、仪仗出现在澶州北城的城头时，军民信心大增，齐声欢呼，声音传到数十里之外。

接着，寇准指挥宋军在北城下击败辽军，射杀辽军先锋萧挞览，极大地动摇了辽军的军心。

辽军自从南侵之后，一直孤军深入，供给不足。被宋军阻止在澶州之后，萧绰便转而与北宋议和。宋真宗本没有抗击辽军的

决心，便答应议和。虽然寇准极力劝阻，主张乘势出兵，但无济于事。

十二月，北宋与辽国订立和约，双方约定为兄弟之国，北宋每年给辽国白银十万两、丝绢二十万匹。这就是历史上著名的『澶渊之盟』（澶州在北宋时也称为澶渊郡，故而得名）。此后，辽军撤回北方。

第三十计 反客为主[1]

【原文】

乘隙插足，扼其主机，渐之进也[2]。

【按语】

为人驱使者为奴，为人尊处者为客，不能立足者为暂客，能立足者为久客，客久而不能主事者为贱客，能主事则可渐握机要，而为主矣。故反客为主之局，第一步须争客位，第二步须乘隙，第三步须插足，第四步须握机，第五步乃为主。为主，则并人之军矣。此渐进之阴谋也。如李渊书尊李密[3]，密卒以败。汉高[4]视势未敌项羽之先，卑事项羽。使其见信，而渐以侵其势，至垓下一役[5]，一举亡之。

【注释】

①反客为主：客人反过来成为主人。比喻变被动为主动。

②渐之进也：循序渐进地前进。语出《易经·渐》。

③李密（582—619）：隋朝末年起兵，投奔李渊，后反唐，于619年被杀。

④汉高：即汉高祖刘邦。

⑤垓下一役：即垓下之战。公元前202年，刘邦与项羽在垓下决战，项羽兵败，逃至乌江自杀身亡。垓下，在今安徽灵璧东南。

【原文译文】

找到空隙插足进去，控制对方的关键之处，循序渐进地达到目的。

【按语译文】

被人驱使的是奴隶，被人尊重的是客人，不能站稳脚跟的是暂时的客人，能站稳脚跟的是长久的客人，长久做客人但不能掌控事务的是卑贱的客人，能掌控事务并能渐渐地掌握机密的大事，就能成为主人。因此，反客为主的计谋，第一步必须争取客人的地位，第二步必须找到空隙，第三步必须插足进去，第四步必须把握时机，第五步就成为主人。成为主人，就能兼并别人的军队。这是循序渐进的秘计。例如，隋朝末年，李渊写信给李密，极力推崇，因此，李密对李渊疏于防备，最终被李渊打败。汉高祖刘邦看到势力不敌项羽，就卑微地屈服于项羽。使自己被项羽信任，然后循序渐进地侵蚀项羽的势力，到垓下一战，一举消灭项羽。

【历史故事】

赵匡胤陈桥兵变建宋朝

五代十国时期，战争连年不休，各种势力此起彼伏。北宋开国皇帝赵匡胤早年无所事事，到处游荡，一直找不到成事的机会。

948年，二十一岁的赵匡胤投奔后汉枢密使郭威，成为郭威手下的一名将领。自此，赵匡胤开

始崭露头角，屡立战功，地位不断地提高。

951年，郭威在开封称帝，建立后周。954年，郭威的养子柴荣继承帝位，提拔赵匡胤执掌禁军。此后，赵匡胤跟随柴荣四处征战，不断地立功。957年，赵匡胤与柴荣兵分两路，征讨南唐。南唐的皇帝李璟畏惧赵匡胤的威名，采用离间计，送给他三千两白金。赵匡胤没有犹豫，立即将白金上交了。

958年，柴荣病逝，柴荣的第四个儿子、年仅七岁的柴宗训继承帝位。赵匡胤的势力越来越大。

960年，契丹与北汉联合出兵南侵的谣言传到开封，后周的大臣们都非常惊慌。宰相范质不辨真假，匆忙地派赵匡胤率军北上抗击。第二天，赵匡胤率军离开开封，当天在开封东北二十里的陈桥驿安营。

晚上，赵匡胤的亲信在营中散布言论，说：『当今皇帝年幼无知，不能亲政。我们冒死出征，谁能知道结果如何呢？不如先拥立赵匡胤为皇帝，然后再北征。』众将领听到这些话，十分惊讶，纷纷找到赵匡胤的弟弟赵匡义。赵匡义说：『拥立赵匡胤为帝，是人心所向。你们严管士兵，不要惊扰百姓。等天下安定，你们都会享有荣华富贵。』众将领这才安定下来，表示追随赵匡胤。

第二天，赵匡义带着众将领聚集在赵匡胤的营帐前，高声呼喊：『众将领愿拥立您为天子！』因醉酒仍在酣睡的赵匡胤被众人吵醒后，非常吃惊。他刚从床上坐起，众将领就涌了进来，将一件黄袍披在他的身上，然后纷纷下跪，齐声高呼『万岁』。

赵匡胤不慌不忙地起床，披挂整齐后跳上马，对众将士说：

『你们贪图富贵，拥立我为天子。我的号令，你们能遵从吗？』众人跪到地上，连声高喊『遵命』。接着，赵匡胤说：『你们不要冒犯皇帝和皇室，不要欺凌大臣、劫掠府库。遵命的有重赏，违命的一律斩首。』说罢，带着大军折回开封。

守卫开封的禁军将领有很多是赵匡胤的亲信，得知兵变成功后，主动地打开城门，放赵匡胤的大军进了城。一些试图抵抗的将领都被杀死。范质等人得知后，也无计可施，只得听命于赵匡胤。

随后，众人为赵匡胤举行了禅让仪式，宣布柴宗训退位，拥立赵匡胤为帝。接着，赵匡胤封柴宗训为郑王，定国号为宋，史称北宋。

线装国学馆

三十六计

三十六计

第六套 败战计

二四三

第六套 败战计

二四四

三十六计

败战计

第六套

第三十一计 美人计

【原文】

兵强者，攻其将；将智者，伐其情①。将弱兵颓，其势自萎。利用御寇，顺相保也②。

【按语】

兵强将智，不可以敌，势必事③之。事之以土地，以增其势，如六国之事秦④，策之最下者也。事之以币帛，以增其富，如宋之事辽金⑤，策之下者也。唯事之以美人，以佚⑥其志，以弱其体，以增其下之怨。如勾践以西施、重宝取悦夫差⑦，乃可转败为胜。

【注释】

①情：情绪。

②利用御寇，顺相保也：有利于抵御敌人，顺利地保卫自己。语出易经·渐·象辞。

③事：侍奉，屈服。

④六国之事秦：战国时期，诸侯国互相攻伐，出现了齐国、楚国、燕国、韩国、赵国、魏国、秦国七个强大的诸侯国，史称『战国七雄』。齐国、楚国、燕国、韩国、赵国、魏国六国先后屈服于秦国，最终被秦国所灭。

⑤宋之事辽金：北宋（960—1127）、南宋（1127—1279）时期，北方地区先后出现了辽（907—1125）与金（1115—1234）两个政权。『澶渊之盟』后，北宋每年都送大量的财物给辽。金先灭辽，后灭北宋。南宋与金先战后和，向金称臣，每年输送大量的财物。

⑥佚：消耗。

⑦勾践以西施、重宝取悦夫差：公元前494年，越国攻打吴国，战败后臣服，越王勾践到吴国为奴。公元前492年，勾践被释放回国。此后，勾践卧薪尝胆，并将美女西施送给夫差，以消磨他的意志。公元前473年，越国终于消灭了吴国。

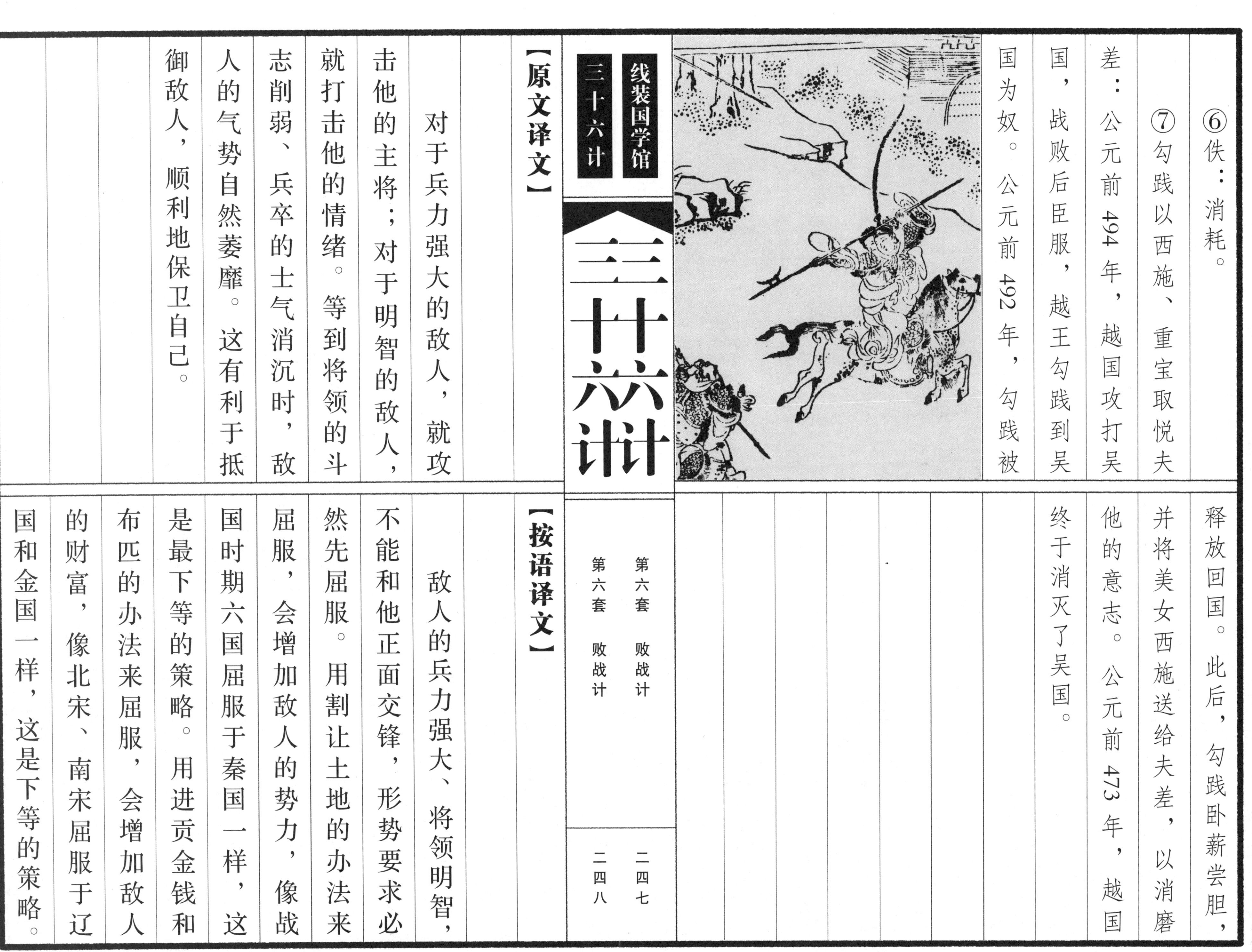

【原文译文】

对于兵力强大的敌人，就攻击他的主将；对于明智的敌人，就打击他的情绪。等到将领的斗志削弱、兵卒的士气消沉时，敌人的气势自然萎靡。这有利于抵御敌人，顺利地保卫自己。

【按语译文】

敌人的兵力强大、将领明智，不能和他正面交锋，形势要求必然先屈服。用割让土地的办法来屈服，会增加敌人的势力，像战国时期六国屈服于秦国一样，这是最下等的策略。用进贡金钱和布匹的办法来屈服，会增加敌人的财富，像北宋、南宋屈服于辽国和金国一样，这是下等的策略。

只有用赠送美人的办法，消磨敌人的志向，削弱敌人的体力，增加敌人部下的怨恨，像勾践用美女西施和贵重宝物去取悦吴王夫差一样，才能反败为胜。

【历史故事】

骊姬乱晋

公元前672年，晋献公出兵骊戎，大获全胜。骊戎的国君将自己的女儿骊姬嫁给晋献公，并让骊姬的妹妹少姬陪嫁。

骊姬颇有心计，深得晋献公的宠爱。过了几年，她生了一个男孩，名叫奚齐。少姬也生了一个男孩，名叫卓子。

当时，晋献公有三个儿子，分别叫申生、重耳、夷吾。其中，申生是太子。随着奚齐渐渐地长大，骊姬越来越想将他立为太子。于是，她贿赂了晋献公的宠臣梁五、东关嬖五，让两人想办法将申生、重耳、夷吾赶出都城绛城。两人对晋献公说：『曲沃是晋国先祖宗庙的所在地，应该派太子申生主管。蒲邑、屈邑是边境重地，应该派重耳、夷吾镇守。这样不仅能显示您的功绩，还能使百姓畏惧、外敌害怕。』晋献公认为两人说得对，便依言下令。

赶走申生、重耳、夷吾之后，骊姬觉得威胁已经解除，便开始实施用奚齐替代申生为太子的计划。此后，她经常在晋献公面前说三人的坏话，劝他废申生、立奚齐为太子。时间一久，晋献公便产生了废申生之意。

看着申生与晋献公的关系越来越疏远，骊姬决定除掉申生。一天，她对申生说：『你的父亲梦见了你的母亲，你赶快去祭祀她。』于是申生赶到曲沃祭祀了母亲，并把胙肉带回来献给晋献公。当时，晋献公外出打猎，骊姬乘机派人在这些肉中放了毒药。

晋献公回来后吃饭，侍者将下了毒药的胙肉端了上来。晋献公拿起筷子就准备夹肉，骊姬急忙阻止，说：『胙肉是从外地带来的，应该先试试是不是安全。』晋献公点点头，放下筷子。骊姬立即让侍者拿起一块肉，扔到门外给狗吃。狗吃下后，当即吐血而死。晋献公大惊失色，让侍者将胙肉拿给厨房的仆役吃，结果仆役也当场吐血而死。骊姬见目的达到，跪到地上，哭着说：『太子为什么这么残忍，连他的父亲都要杀！我们母子今后该怎么办呢？』晋献公勃然大怒，下令抓捕申生。

有人急忙将消息告诉了申生，申生只身逃到曲沃，不久，自杀身亡。

后来，重耳和夷吾也回到绛城。骊姬害怕，便在晋献公面前诬陷两人。两人得知后，分别逃到了蒲邑和屈邑。

晋献公得知重耳和夷吾不辞而别，认为两人想谋反，于公元前665年派兵征讨。两人又先后逃到别的诸侯国。

公元前651年，晋献公病死。晋国大乱，奚齐、卓子、骊姬先后被杀。大臣们拥立夷吾为国君，他就是晋惠公。

第三十二计　空城计

【原文】

虚者虚之，疑中生疑。刚柔之际①，奇而复奇。

【按语】

虚虚实实，兵无常势。虚而示虚，诸葛②而后，不乏其人。如吐蕃陷瓜州③，王君㚟死，河西恟惧④。以张守珪为瓜州刺史，领余众，方复筑州城。版干裁立⑤，敌又暴至。略无守御之具，城中相顾失色，莫有斗志。守珪曰：『彼众我寡，又疮痍⑥之后，不可以矢石相持，须以权道制之。』乃于城上，置酒作乐，以会将士。敌疑城中有备，不敢攻而退。又如齐祖珽⑦为北徐州刺史，至州，会有陈寇⑧，百姓多反。珽不关城门。守陴⑨者，皆令下城，静坐街巷，禁断行人，鸡犬不乱鸣吠。贼无所见闻，不测所以，或疑人走城空，不设警备。珽复令大叫，鼓噪聒天，贼大惊，登时走散。

【注释】

①刚柔之际：刚柔交会之时，指用阴柔的手段对付刚强的敌人。易经·解·象辞：『刚柔之际，义无咎也。』

②诸葛：即诸葛亮。228年，诸葛亮第一次北伐，因马谡失街亭而失败。司马懿追至西县，诸葛亮成功使用空城计而安然撤回。

③吐蕃陷瓜州：727年，吐

蕃进攻瓜州，镇守此地的河西节度使王君㚟被回纥人杀死，唐朝廷派张守珪领军抗击。吐蕃，古代藏族在青藏高原建立的政权。瓜州，即今甘肃瓜县。张守珪（684—740），唐朝名将。

④河西恟惧：黄河以西地区的人慌乱恐惧。恟，恐惧。

⑤版干裁立：修建城墙的夹板和木桩刚刚立好。版，夹板。干，木桩。裁，同『才』，刚刚。

⑥疮痍：遭受破坏或灾害后的景象。

⑦祖珽：南北朝时期北齐（550—577）的大臣、诗人，死于北徐州刺史任上。南北朝时期的北徐州是今山东临沂。

⑧陈寇：指南陈（557—589）的军队。

⑨陴：即女墙，指城墙上筑起的墙垛。

【原文译文】

如果兵力空虚，就故意显示空虚，使敌人在疑惑中更加疑惑。用阴柔的手段对付刚强的敌人，可产生奇妙而又奇特的效果。

【按语译文】

虚虚实实，用兵没有固定不变的方式。空虚就显示空虚，在诸葛亮之后，运用此计的人并不少。例如，唐朝时吐蕃攻陷瓜州，守将王君㚟战死，黄河以西的老百姓慌乱恐惧。张守珪被任命为瓜州刺史，带领留下的民众，正重新修筑城墙。修建城墙的夹板和木桩刚刚立好，敌人又突然来

袭。城内根本没有防御的器具，人们面面相觑、大惊失色，丧失了战斗的勇气。张守珪说：『敌众我寡，战乱的创伤还没有平复，不能用石块、弓箭抗击，必须用智谋击退敌人。』于是他下令在城墙上摆上酒席，让人奏乐，和将士们一起喝酒。敌人怀疑城中有准备，不敢进攻，就撤退了。又比如，南北朝时期，北齐的祖珽担任北徐州刺史，到任的时候，遇到南陈的军队进攻，许多百姓也起来造反。祖珽下令不要关城门。守卫城墙的士兵一律撤下，静坐在大街小巷，禁止行人往来，鸡犬也不乱叫。敌人看不到也听

不到什么，不了解城里到底怎么回事，有的人怀疑是人都已逃走，城池空空，所以没有警戒、防备。祖珽又命令士兵突然大叫，并擂鼓、呐喊，声音震天。敌人大惊，立刻四散离去。

【历史故事】

李广镇定自若退匈奴

西汉时期的名将李广，出身于将门世家，善于骑马射箭。他镇守边关多年，英勇善战，屡次击败匈奴。匈奴人非常敬服，称他为『飞将军』。

公元前158年，匈奴大举入侵上郡。当时，汉景帝派了一名

宦官跟随李广学习打仗。

一天，宦官带着几十名骑兵外出游玩。当众人正在纵情驰骋的时候，前方突然出现了三个徒步的匈奴人。三人射箭技艺高超，将几十名汉军骑兵全部射死。宦官手臂中箭，负伤逃回营寨。李广察看了他的伤口，说：『这一定是射雕的人。』说罢，立即挑选了一百名精锐的骑兵，出营追击那三个匈奴人。

追上那三个匈奴人之后，李广随即命令骑兵们从左右两边包抄上去。接着，李广一边纵马往前冲，一边掏出箭射击。两个匈奴人中箭身亡，剩下的一人被活捉。经过审讯，三个匈奴人果然是射雕的。

就在李广一行人带着俘虏往回撤的时候，不远处出现了数千名匈奴骑兵。众人大惊，纷纷看着李广。这时，匈奴骑兵也发现了李广一行人，以为他们是诱敌之兵，也吃惊不已，立即冲上山，摆好了阵形。

李广看着众人，平静地说：『我们离营寨有几十里，如果逃跑，匈奴人就会追击。他们的箭术高超，我们都会被射死。如果停下来不走，匈奴人一定以为我们是被派来引诱他们的，必定不敢攻击。』说罢，命令众人赶到离匈奴人约二里的地方。

接着，李广说：『所有人都下马，解下马鞍！』众人迷惑不解，问：『我们离敌人这么近，如果出现紧急的情况，怎么办？』李广说：『匈奴人原以为我们会逃跑，现在我们下马、解下马鞍，就表示不逃跑。这样，匈奴人就会确定无疑地相信我们是诱敌之兵。』众人听罢，依令而行。果然，匈奴人始终不敢出击。

过了一会儿，一名骑白马的

匈奴将领出阵巡查。李广立即起身上马，带着十几名骑兵冲了上去，并纷纷射箭。匈奴将领身中数箭，落马而死。

随后，李广带人又回到原地，重新解下马鞍。他又让众人都放开马，随便地躺在地上。山上的匈奴人既惊讶又奇怪，不敢贸然进攻。

半夜里，匈奴人以为汉军有伏兵在附近，会趁夜色偷袭，便连夜撤走了。

第二天早晨，李广发现匈奴人一走而空，高兴得开怀大笑。众人也非常开心，有说有笑地回到了营寨。

第三十三计 反间计

【原文】

疑中之疑。比之自内，不自失也①。

【按语】

间者，使敌自相疑忌也；反间者，因敌之间而间之也。如燕昭王薨②，惠王自为太子时，不快于乐毅。田单乃纵反间③曰：『乐毅与燕王有隙，畏诛，欲连兵王齐，齐人未附。故且缓攻即墨，以待其事。齐人唯恐他将来，即墨残矣。』惠王闻之，即使骑劫④代将，毅遂奔赵。又如周瑜利用

曹操间谍，以间其将⑤；陈平以金纵反间于楚军，间范增⑥，楚王疑而去之。亦疑中之疑之局也。

【注释】

①比之自内，不自失也：亲善内部的人员，（让敌人的间谍传递假情报）使自己不会受到损失。比，亲密相依。语出易经·比·象辞。

②燕昭王薨：公元前279年，燕昭王因病去世，其子燕惠王即位。薨，指古代诸侯或有爵位的官员去世。

③田单乃纵反间：公元前284年，燕昭王派乐毅率军攻打齐国，半年内乐毅攻克七十余座城池，最后仅剩即墨（今山东平度市东南）一座孤城。即墨的军民推选田单为守将。田单与乐毅抗衡五年，力保即墨不失。公元前279年，田单施反间计，使燕惠王罢免乐毅，击退围城的燕军，之后收复了全部的失地。

④骑劫（？—前279），战国时期燕国将领。公元前279年，田单在即墨以火牛阵大败燕军，骑劫阵亡。

⑤周瑜利用曹操间谍，以间其将：赤壁大战前夕，曹操手下的谋士蒋干，因自幼和周瑜同窗读书，便毛遂自荐，要到东吴劝降周瑜。周瑜设计，让蒋干盗走假冒曹操的水军统帅蔡瑁、张允写给周瑜的投降信。蒋干将信献给曹操，曹操下令杀死了蔡瑁、张允。出自三国演义。

⑥陈平以金纵反间于楚军，间范增：公元前203年，刘邦被项羽围困在荥阳数月。陈平让刘邦拿出四万斤黄金，买通楚军的部分将领，让他们散布谣言说：『在项王的部下里，范增和钟离昧

的功劳最大，但不能称王。两人和汉王刘邦约定，共同消灭项羽，分占项羽的国土。』项羽听说后，便对范增、钟离昧产生了怀疑。范增生气离开，病死在途中。钟离昧后来在垓下之战时逃走，投奔了韩信。

【原文译文】

在疑阵中再布置疑阵。亲善敌人的内部人员，让他们传递假情报，使自己不会受到损失。

【按语译文】

所谓离间，是让敌人内部的成员互相怀疑、猜忌；所谓反间，是顺应敌人的怀疑，而证实敌人的怀疑。例如，战国时期，燕昭王病死，燕惠王继位。燕惠王做太子的时候，就对大将乐毅不满。齐国的将领田单施用反间计，放话说：『乐毅与燕惠王有矛盾，害怕被杀，便想联合齐国的军队，向齐王称臣，但是齐国的军队不服从他。因此乐毅才暂缓攻打即墨，以等待时机成熟。齐国人唯独害怕燕国派遣其他的将领来，那样即墨就会被攻克。』燕惠王听说后，立即派骑劫代替乐毅为将，乐毅就逃到赵国去了。又例如，三国时期，周瑜利用曹操的间谍，来离间曹操和手下的将领。汉朝时期，刘邦的谋士陈平用黄金收买楚军的将领，传播谣言离间项羽和范增，项羽怀疑范增，致使他离开。这些是在疑阵中再布置疑阵的圈套。

【历史故事】

韩世忠大仪大捷

韩世忠是南宋时期著名的将领，与岳飞齐名。他抗击金兵多年，出生入死，威震金国。

景祐元年（1134），韩世忠奉命驻守镇江。八月，金国派五万人马南下，企图渡江，然后攻击南宋的都城临安。宋高宗赵构十分害怕，一面派宰相魏良臣等向金军求和，一面亲笔写了一封言辞恳切的信给韩世忠，让他北上阻击金军。韩世忠深受感动，当即率军北上，于十月赶到扬州。

数天后，魏良臣等人经过扬州。韩世忠得知他们与金军议和，心里非常生气，但转念一想，认为这是一次引诱金军上当的好机会，于是下令将炊具全部收了起来，装作要撤离扬州。接着，又将回师镇江驻守的假诏命拿出来，交给魏良臣看。魏良臣看罢，确信韩世忠将撤离扬州。

魏良臣走后，韩世忠立即率军赶赴大仪，将兵马分为五个部分，并设下二十多处埋伏，约定听见鼓声即发起攻击。

魏良臣到达金军营中之后，将韩世忠的动向全都告诉了金军统帅聂儿孛堇。聂儿孛堇非常高兴，随即亲自率军赶到距离大仪五里的江边，并命令部将挞孛率骑兵同时从侧面行动。

等金军全部进入伏击圈后，韩世忠立即下令击鼓。伏兵听到鼓声，从四面八方冲了出来。金军猝不及防，乱成一团。随后，韩世忠命令精兵手持长斧，猛砍金军骑兵的马腿。众多金军将士慌不择路，纷纷逃进沼泽地中，越陷越深，伤亡惨重。聂儿孛堇仓皇逃走，挞孛等二百多人被俘。

大仪大捷的消息传到临安，宋高宗大喜，重重地封赏了韩世忠等人。有的人将这次胜利誉为『南宋中兴』军事功绩的第一名。

第三十四计 苦肉计①

【原文】

人不自害，受害必真。假真真假②，间以得行。童蒙之吉，顺以巽也③。

【按语】

间者，使敌人相疑也；反间者，因敌人之疑，而实其疑也。苦肉计者，盖假作自间以间人也。凡遣与己有隙者以诱敌人，约为响应，或约为共力者，皆苦肉计之类也。如郑武公伐胡而先以女妻胡君，并戮关其思；韩信下齐而郦生遭烹④。

【注释】

①苦肉计：用伤害自己的办法来蒙骗他人，以便见机行事、达到目的的计策。

②假真真假：以假作真，以真作假。

③童蒙之吉，顺以巽也：幼稚蒙昧的人之所以吉利，是因为柔顺服从。语出易经·蒙·象辞。

④韩信下齐而骊生遭烹：骊生，亦称郦生，即郦食其，刘邦的谋士。公元前 203 年，郦食其出使齐国，劝齐王归附刘邦。齐王采纳他的建议，将七十余座城池交给刘邦。韩信嫉妒郦食其的功劳，发兵突袭齐国。齐王认为被骗，于公元前 203 年烹杀郦食其。

【原文译文】

人们不会自己伤害自己，一旦伤害，别人必然认为是真的；以假作真，以真作假，离间计就能施行。这像幼稚蒙昧的人之所以吉利，是因为柔顺服从一样。

【按语译文】

所谓离间，是让敌人内部的成员互相怀疑；所谓反间，是顺应敌人的怀疑，而证实敌人的怀疑。所谓苦肉计，就是假装自己内部有矛盾来离间敌人。凡是派遣与自己有矛盾的人去引诱敌人，约定里应外合，或者约定共同起事的，都是苦肉计这一类计策。比如，春秋时期，郑武公讨伐胡

国，先把自己的女儿嫁给胡国的君主为妻，并杀了建议攻打胡国的谋士关其思；楚汉相争时期，韩信攻打齐国，劝降齐国的郦食其遭齐王烹杀。

【历史故事】

要离杀庆忌

公元前515年，阖闾派刺客杀了吴王僚，夺取了吴国的君位。吴王僚有一个儿子叫庆忌，武功高强、勇猛无畏，当时在卫国。阖闾非常惧怕他联合众诸侯找自己报仇，便想除掉他。

公元前513年，一天，阖闾

向伍子胥请教对策，伍子胥推荐了一个叫要离的人。阖闾很高兴，立即让伍子胥请来要离，设宴款待。席间，阖闾问：『你是一个什么样的人？』要离说：『我是吴国东边的人，弱小无力，迎着风会被吹僵，背着风会被吹倒。但是，只要大王有命令，我不敢不尽力！』阖闾沉默不语，心里责怪伍子胥推荐了这样一个用不上的人。要离猜中阖闾的心思，主动说：『大王是担心庆忌吗？我能杀他。』阖闾说：『庆忌勇猛，天下人都知道。他能跑步追上野兽，能用手抓住飞鸟。我曾经追击过他，驾乘四匹马的战车

都没追上，用箭射击，也没射中。你的力量比他差远了。』要离缓缓地说：『大王如果有意，我就能杀庆忌。』阖闾担心要离难以接近庆忌，便说：『庆忌机敏，如今在别的诸侯国，不与任何人来往。』要离说：『我假装犯罪逃亡，请大王杀死我的妻子、孩子，砍断我的右手，庆忌一定相信我。』阖闾想了一会儿，便同意了。

不久，要离逃亡，阖闾下令烧死了他的妻子、孩子。

要离每到一个诸侯国，便四处抱怨说自己无罪，却被吴王砍断右手，家人也因此被杀。过了一段时间，要离赶到卫国，求见庆忌。庆忌早已听说了要离的事，便答应了。要离见到庆忌，说：『阖闾无道，您是知道的。我没有罪，妻子、孩子却被烧死。吴国的事情，我知道底细。以您的英

勇，阖闾根本不是对手。为什么不带着我一起进攻吴国呢？』庆忌非常想找阖闾报仇，便采纳了要离的建议。

三个月后，庆忌率军乘船攻打吴国。船在江中航行的时候，要离以力量小为借口，坐到了庆忌的上风向。不一会儿，帽子被风吹走，要离便用矛去钩帽子，乘势刺中了庆忌。庆忌忍住疼痛，一把抓住矛，把要离拽到怀中，多次将他的头按到水中，然后放到腿上，大笑着说：『我是天下闻名的勇士，你竟然敢用兵器刺我！』这时，庆忌的手下冲了过来，纷纷要杀要离。庆忌阻止了他们，说：『这个人是天下的勇士。可以让他回吴国，以表彰他的忠心。』话音未落，庆忌身体一歪，倒在甲板上死了。

后来，船行至江陵，庆忌的手下人放要离下船。要离不愿意

走，说：『杀我的妻子和孩子，以侍奉我的国君，是不仁。为新的君王而杀以前君王的儿子，是不忠。如果我贪生离开，是不义。我背负这三件恶事活在世上，有什么面目面对天下人？』说罢，投江自杀，众人忙将他捞上船。要离长叹一声，说：『我怎么还能活着呢！』随即从身边人的手中抢过一把剑，自刎而死。

第三十五计 连环计

【原文】

将多兵众，不可以敌，使其自累，以杀其势。在师中吉，承天宠也①。

【按语】

庞统使曹操战舰勾连，而后纵火焚之②，使不得脱。则连环计者。其法在使敌自累，而后图之。盖一计累敌，一计攻敌，两计扣用，以摧强势也。如宋毕再遇③尝引敌与战，且前且却，至于数四。视日已晚，乃以香料煮黑豆，布地上。复前博战，佯败走。敌乘胜追逐。其马已饥，闻豆香，乃

就食，鞭之不前。遇率师反攻之，遂大胜。皆连环之计也。

【注释】

①在师中吉，承天宠也：主帅在军中指挥顺利，是因为得到上天的宠爱。语出易经·师·象辞。

②庞统使曹操战舰勾连，而后纵火焚之：庞统（179—214），号凤雏，与诸葛亮齐名，是刘备手下重要的谋士。据三国演义第四十七回描述，在赤壁之战中，庞统向周瑜献出连环计，亲身入曹操的军中，火烧曹军。

③宋毕再遇尝引敌与战：详见本书第二十一计·金蝉脱壳之『历史故事』部分。毕再遇（约1148—约1217），南宋名将，曾多次与金军交战获胜。

【原文译文】

敌人的将领多、士兵众，不能硬拼，应该设法使他自己拖累自己，来削弱他的气势。这就像主帅在军中指挥顺利，是因为得到上天的宠爱一样。

【按语译文】

在赤壁之战中，庞统用计使曹操把战舰都连接起来，然后放火焚烧，使战船无法逃脱。这就是连环计。它的方法是让敌人自己拖累自己，然后再图谋。用一条计策使敌人自己拖累自己，再用一条计策攻打敌人，两条计策紧密地联系在一起使用，就能摧毁气势强大的敌人。例如，南宋

名将毕再遇曾经引诱金兵交战，有时候前进，有时候后退，反复达四次。他看到天色已晚，就用香料煮黑豆，撒到地上。然后再次上前挑战，假装败走。敌人乘胜追击。敌人的战马已经饥饿，闻到豆香，就停下来吃豆，用鞭子抽也不往前走。毕再遇立即率领军队反攻，大获全胜。这些都是连环计。

【历史故事】

王允诱吕布杀董卓

东汉末年，丞相董卓倚仗兵力雄厚，废除汉少帝刘辩，立陈留王刘协为帝，史称汉献帝。后来，董卓下令毒死汉少帝，完全把握了朝政，肆意妄为，引起官员、百姓的不满。

有一个大臣叫王允，为官公正，颇有谋略。他对董卓的行径十分愤怒，但一直苦于没有应对的办法。

一天晚上，月朗星稀，王允在自己府中的后花园里看到美貌的歌伎貂蝉，突然灵机一动，想出了办法。他对貂蝉说：『现在，国家危在旦夕。董卓想篡位，没人能阻止。董卓有一个义子，叫吕布，特别骁勇。这两个人都是好色之徒。我打算用连环计，先

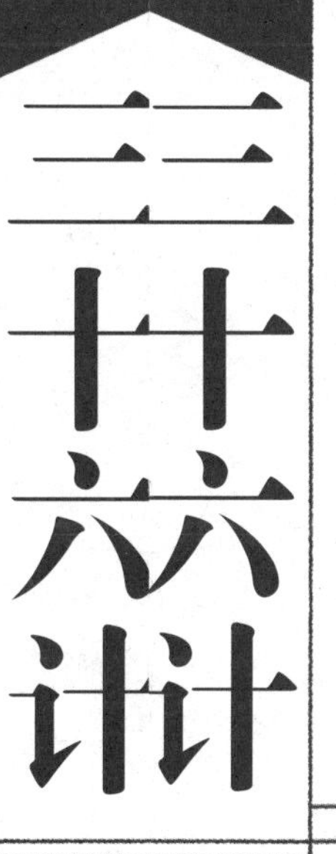

答应吕布将你嫁给他，然后再把你献给董卓。你找机会离间两人，使两人反目成仇，让吕布杀董卓，为国除恶。你觉得怎么样？』貂蝉没有犹豫，毅然决然地说：『我答应您，万死不辞。』王允见貂蝉当场答应，喜出望外，连连地拜谢。

第二天，王允派人送了一顶用数颗夜明珠做的金冠给吕布。吕布很高兴，亲自登门致谢。王允设宴款待吕布的时候，故意让貂蝉给吕布倒酒。吕布被貂蝉的美貌打动，目不转睛地看着她。王允乘机说：『我想把貂蝉嫁给将军，将军同意吗？』吕布非常高兴，再三拜谢。

几天之后，王允又在府中宴请董卓。席间，貂蝉走出来跳舞、唱歌，并给董卓倒酒。董卓心花怒放，笑着说：『你真是像仙女一样啊！』王允乘机说：『我想把她献给丞相，丞相愿意收留吗？』话音未落，董卓连声说『好』。随后，王允亲自送貂蝉到董卓的府中。

王允在回府的路上，遇见了怒气冲冲的吕布。吕布一把抓住王允，厉声地问：『你既然答应把貂蝉嫁给我，今天又把她送给丞相，是在戏要我吗？』王允急忙说：『丞相听说我把貂蝉许配给将军，便亲自登门，将她带走了，说要许配给你。』吕布听到这里，才不再生气，便离开了。

第二天，吕布在丞相府中打听貂蝉的事，却发现貂蝉坐在董卓的房间里，心里十分沮丧。

过了几天，吕布给董卓请安。貂蝉站在床后看着吕布，泪眼婆娑。吕布目不转睛地看着貂蝉，心如刀割。董卓发现后，勃然大怒，将吕布赶出房间。吕布愤怒不已，但也只得忍耐。

又有一次，吕布陪董卓见汉献帝，趁两人商谈的时候，偷偷地溜回丞相府见貂蝉。

董卓谈完事，不见吕布，连忙赶回府中。在后花园中，董卓发现吕布与貂蝉在亭子里窃窃私语，顿时怒火中烧，大喝一声。吕布大惊失色，匆匆忙忙地跑了。转天，吕布将自己与貂蝉相会、被董卓撞见的事告诉了王允，并表示要杀董卓雪耻。王允暗自高兴，并与吕布商定了杀董卓的计划。

两天后，董卓上朝。王允带着一百多名武士，向董卓发起攻击。董卓抵挡不住，被刺伤倒地。这时，吕布从旁边冲了过来，举起画戟刺向董卓的咽喉。董卓来不及躲避，当场毙命。

董卓的死讯传开后，士兵们都高呼万岁，百姓也都载歌载舞。

第三十六计 走为上

【原文】

全师避敌。左次无咎，未失常也①。

【按语】

敌势全胜，我不能战，则必降、必和、必走。降则全败，和则半败，走则未败。未败者，胜之转机也。如宋毕再遇与金人对垒，度金兵至者日众，难与争锋。一夕拔营去，留旗帜于营，豫②缚生羊悬之，置其前二足于鼓上，羊不堪悬，则足击鼓有声。金人不觉为空营，相持数日，乃觉，欲追之，则已远矣。可谓善走者矣。

【注释】

①左次无咎，未失常也：军队驻扎在左边没有危险，没有违背用兵的常道。语出《易经·师·象辞》。

②豫：同『预』，事先。

【原文译文】

为了保全军事实力，全军退却，避开敌人。这就像军队驻扎在左边没有危险，没有违背用兵的常道一样。

【按语译文】

当敌人的气势处于全胜的状态时，我方不能硬战，要么投降、

要么求和、要么撤退。投降是彻底失败，求和是一半失败，撤退是没有失败。没有失败，就会有获胜的转机。例如，南宋名将毕再遇和金兵对垒，揣度抵达的金兵越来越多，难以抗衡。一天夜里，毕再遇拔除营寨撤走，并在营寨中留下旗帜，又事先捆绑活羊并吊起来，把它们的两条前腿放在鼓上，羊不能忍受被吊着，就用前腿蹬踹击鼓，鼓咚咚作响。金兵没有察觉宋军的营寨已经空虚，就这样相持数天才发现。金兵想追赶时，毕再遇已经离开很远了。这可以称得上是善于退却的了。

【历史故事】

晋文公退避三舍

春秋时期，晋国的国君晋文公对内加强统治、增强实力，对外不断用兵，开启了晋国的霸业。

晋文公在成为国君之前，曾流亡多个诸侯国。有一段时间，楚国的国君楚成王收留了晋文公。一天，楚成王问晋文公今后如何报答自己，晋文公说：『财宝这类东西，楚国都有。如果我能返回晋国做国君，当楚国、晋国不幸要打仗时，我会对你退避三舍。』

公元前632年，楚成王派大

将子玉率军进攻宋国。宋国急忙向晋国求援，晋文公知道楚成王对自己有恩，不愿意与楚国交战，便派兵攻打曹国、卫国，准备夺取一些土地给宋国作为补偿。楚

成王明白晋文公的举动，让子玉远离晋军。子玉能征善战，听不进去楚成王的意见，坚持要和晋军交战。楚成王无奈，只给了他比较少的军队。

接着，子玉派使者告诉晋文公，如果释放曹国、卫国的国君，楚军就从宋国撤退。晋文公置之不理，一面关押了楚国的使者，一面私下里对曹国、卫国的国君说，只要与楚国绝交，就同意两

人复国。曹国、卫国的国君依言而行。子玉大怒，率军逼近晋军。

晋文公看到楚军气势汹汹，便决定暂时退避三舍，将军队撤至城濮，既避开了楚军的锋芒，又兑现了当年的诺言。子玉狂傲至极，立即追至城濮，向晋军发动攻击，并扬言：『今天晋国一定会消失！』

晋文公非常冷静，指挥军队攻击楚军较弱的右翼。楚军不敌，大败而逃。子玉非常生气，集中兵力攻击晋军。这时，晋文公命令右翼的军队佯装败退，引诱楚军。子玉信以为真，立即命令左翼楚军追击。晋文公见子玉上当，便下令攻击楚军的中军。楚军猝不及防，溃不成军。接着，晋军攻击楚军的左翼。失去了中军支撑的左翼楚军无法抵挡晋军，只得逃跑。

子玉见大势已去，便率残兵

败将撤走。楚成王派使者对子玉说：『如果你回到楚国，怎么对父老们交代呢？』子玉羞愧难当，自杀而死。

第六套 败战计
二九四

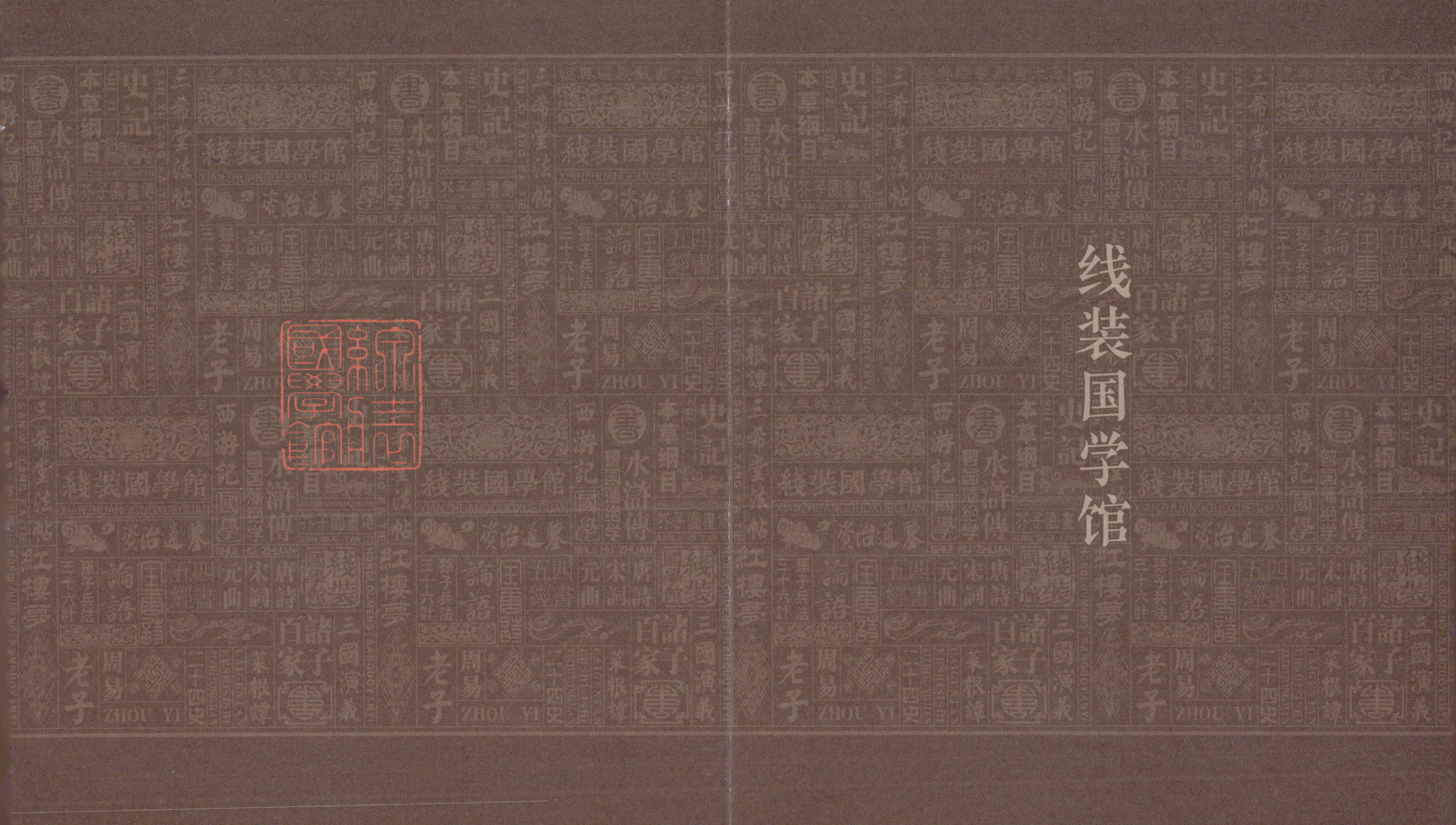

线装国学馆